(c) 2017 Gumdrop Press

Tous droits réservés.

ISBN-13: 978-1-945887-18-5

ISBN-10: 1-945887-18-4

Aucune partie de ce livre ne peut être reproduite sous aucune forme sans la permission écrite de l'éditeur ou un auteur.

# 2018 2018

| lu | ma | me | je | ve | sa | di |
|---|---|---|---|---|---|---|
| 1 Jour de l'an | 2 | 3 | 4 | 5 | 6 | 7 |
| 8 | 9 | 10 | 11 | 12 | 13 | 14 |
| 15 | 16 | 17 | 18 | 19 | 20 | 21 |
| 22 | 23 | 24 | 25 | 26 | 27 | 28 |
| 29 | 30 | 31 | 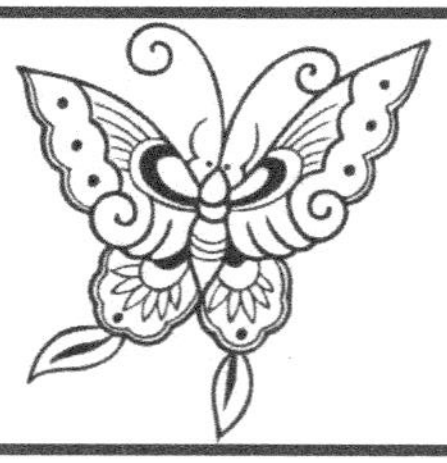 | 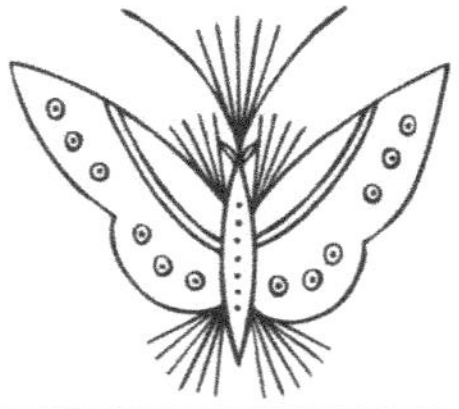 | 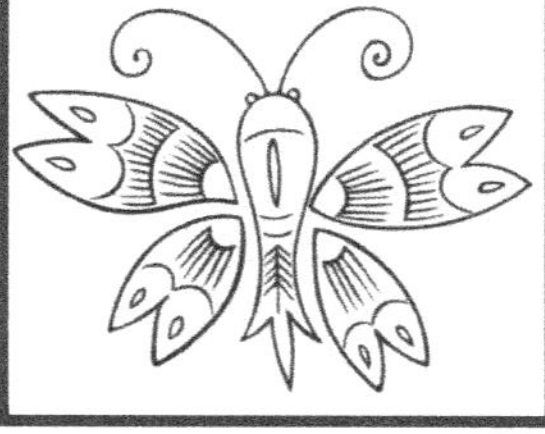 | 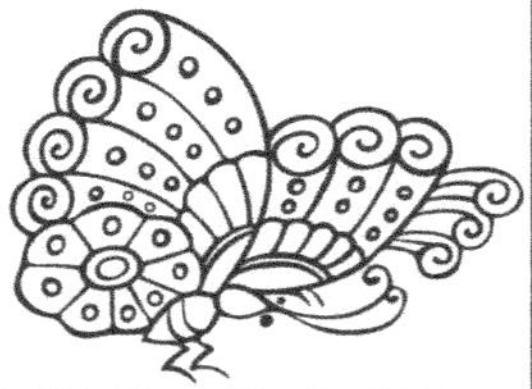 |

# 2018

| lu | ma | me | je | ve | sa | di |
|---|---|---|---|---|---|---|
| 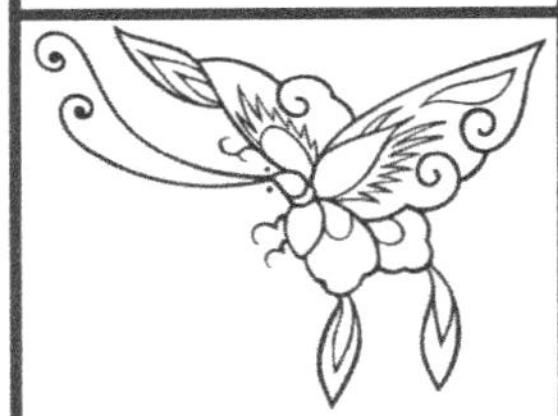  | 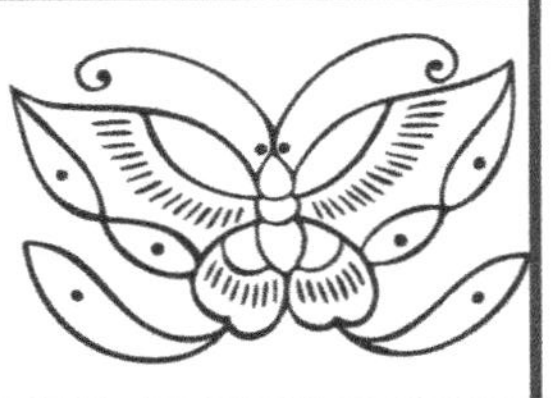 | 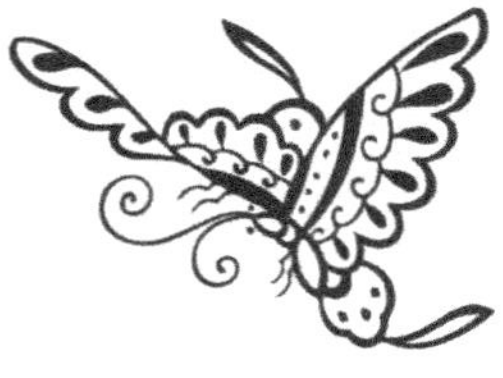 | 1 | 2 | 3 | 4 |
| 5 | 6 | 7 | 8 | 9 | 10 | 11 |
| 12 | 13 | 14 | 15 | 16 | 17 | 18 |
| 19 | 20 | 21 | 22 | 23 | 24 | 25 |
| 26 | 27 | 28 | 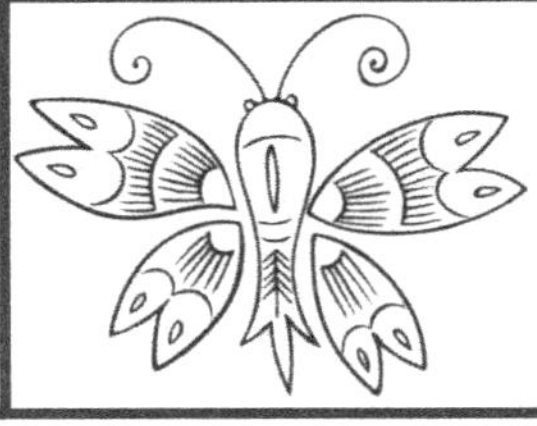 | 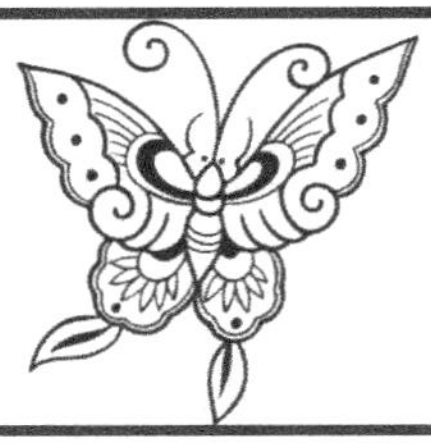 | 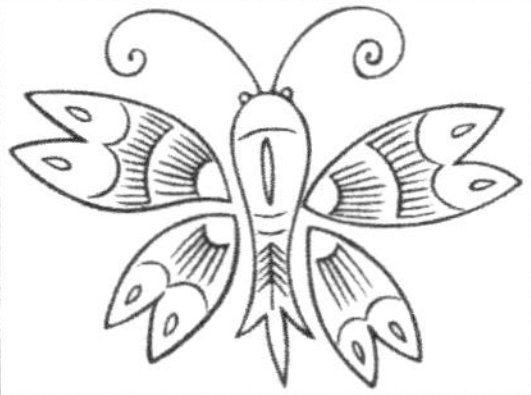 | 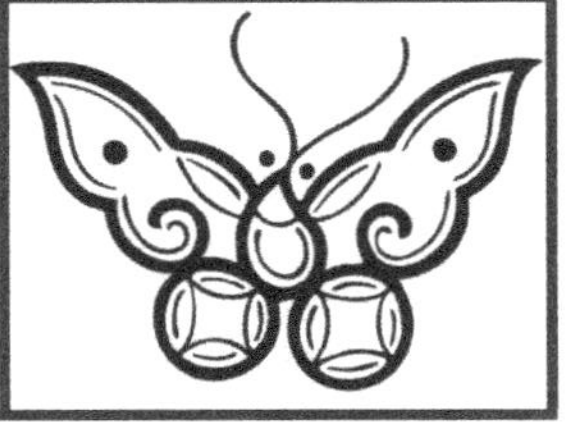 |

# 2018

| lu | ma | me | je | ve | sa | di |
|---|---|---|---|---|---|---|
|  | | | 1 | 2 | 3 | 4 |
| 5 | 6 | 7 | 8 | 9 | 10 | 11 |
| 12 | 13 | 14 | 15 | 16 | 17 | 18 |
| 19 | 20 | 21 | 22 | 23 | 24 | 25 |
| 26 | 27 | 28 | 29 | 30<br>Vendredi saint | 31 |  |

# 2018

| lu | ma | me | je | ve | sa | di |
|---|---|---|---|---|---|---|
| | | | | | | 1 Pâques |
| 2 Lundi de Pâques | 3 | 4 | 5 | 6 | 7 | 8 |
| 9 | 10 | 11 | 12 | 13 | 14 | 15 |
| 16 | 17 | 18 | 19 | 20 | 21 | 22 |
| 23 | 24 | 25 | 26 | 27 | 28 | 29 |
| 30 | | | | | | |

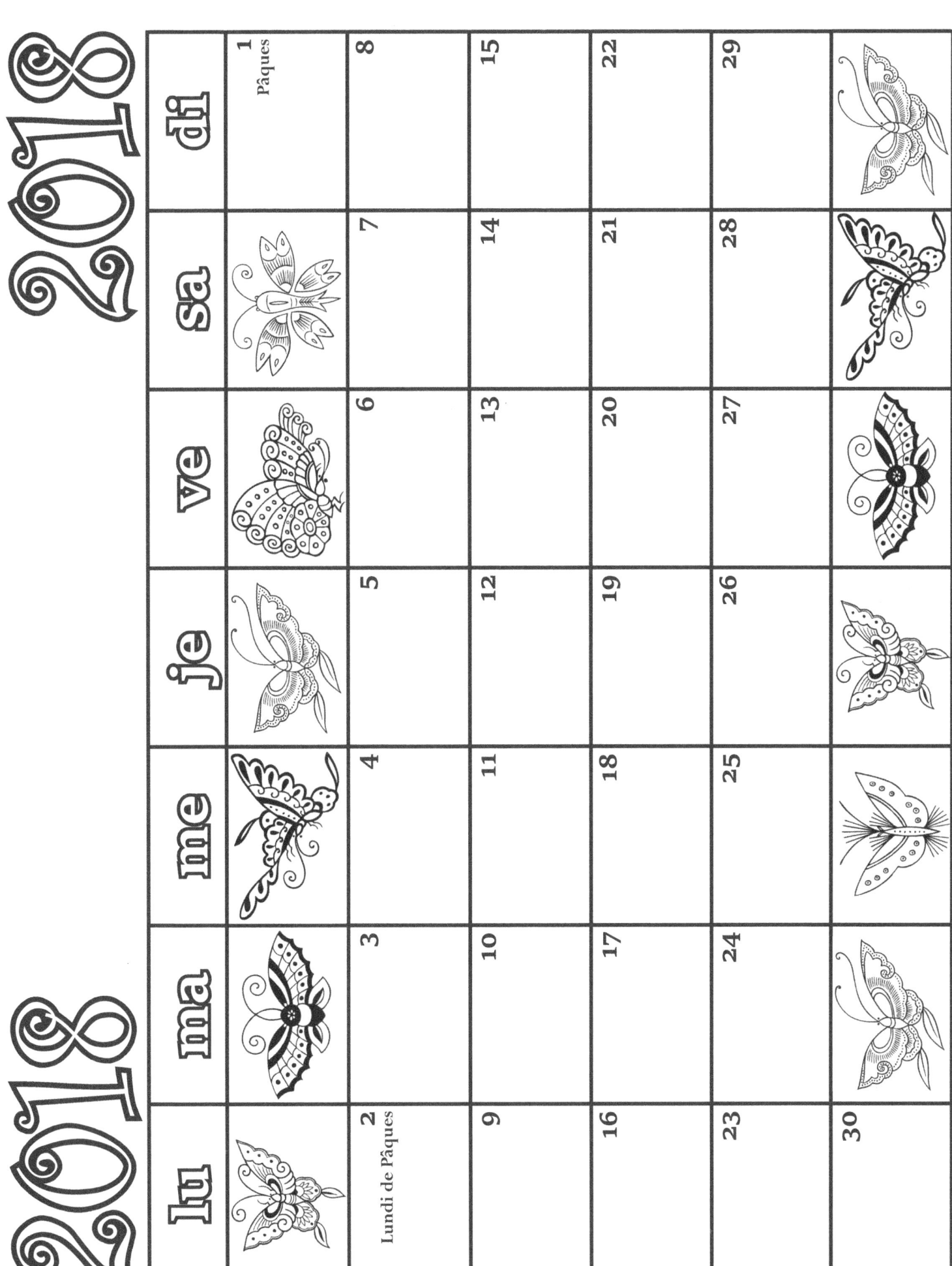

# 2018 — Mai

| lu | ma | me | je | ve | sa | di |
|---|---|---|---|---|---|---|
|   | **1** Fête du Travail | **2** | **3** | **4** | **5** | **6** |
| **7** | **8** Fête de la Victoire | **9** | **10** Ascension | **11** | **12** | **13** |
| **14** | **15** | **16** | **17** | **18** | **19** | **20** Pentecôte |
| **21** Lundi de Pentecôte | **22** | **23** | **24** | **25** | **26** | **27** Fête des Mères |
| **28** | **29** | **30** | **31** |  |  |  |

# 2018

| lu | ma | me | je | ve | sa | di |
|---|---|---|---|---|---|---|
| 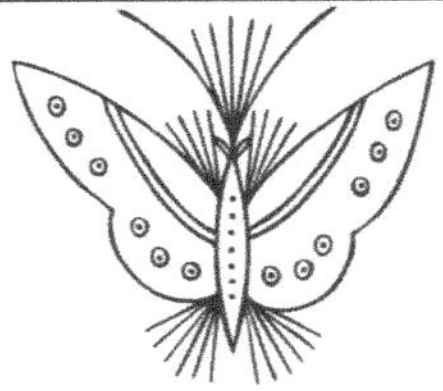  | 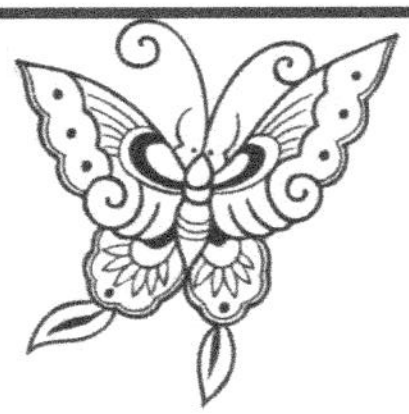  | 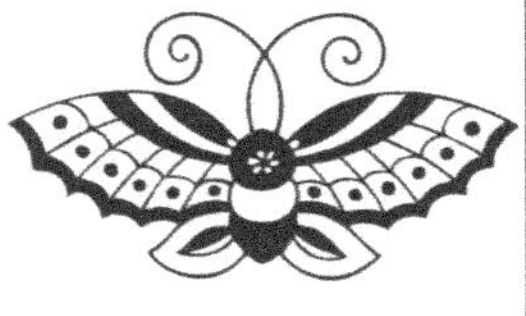 | 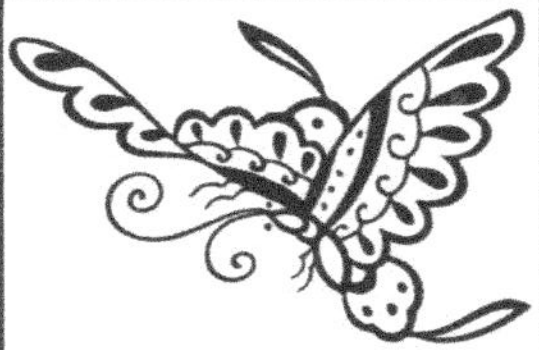 | 1 | 2 | 3 |
| 4 | 5 | 6 | 7 | 8 | 9 | 10 |
| 11 | 12 | 13 | 14 | 15 | 16 | 17 Fête des Pères |
| 18 | 19 | 20 | 21 | 22 | 23 | 24 |
| 25 | 26 | 27 | 28 | 29 | 30 | 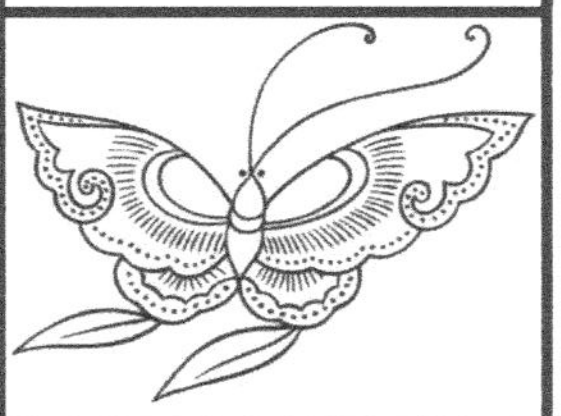 |

2018 2018

| lu | ma | me | je | ve | sa | di |
|---|---|---|---|---|---|---|
| | | | | | | 1 |
| 2 | 3 | 4 | 5 | 6 | 7 | 8 |
| 9 | 10 | 11 | 12 | 13 | 14 Fête nationale | 15 |
| 16 | 17 | 18 | 19 | 20 | 21 | 22 |
| 23 | 24 | 25 | 26 | 27 | 28 | 29 |
| 30 | 31 | | | | | |

# 2018

| lu | ma | me | je | ve | sa | di |
|---|---|---|---|---|---|---|
| 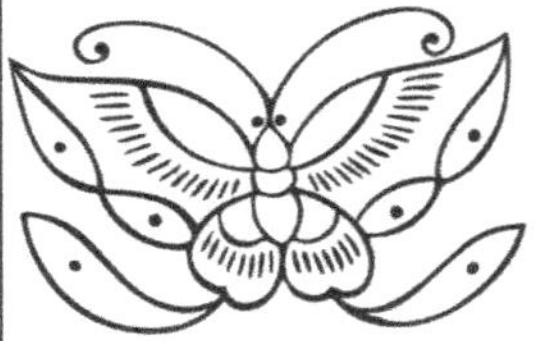  | 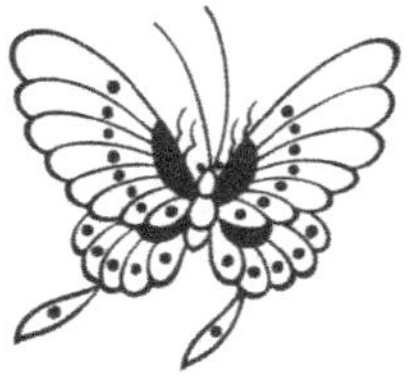  | 1 | 2 | 3 | 4 | 5 |
| 6 | 7 | 8 | 9 | 10 | 11 | 12 |
| 13 | 14 | **15**<br>Assomption | 16 | 17 | 18 | 19 |
| 20 | 21 | 22 | 23 | 24 | 25 | 26 |
| 27 | 28 | 29 | 30 | 31 | 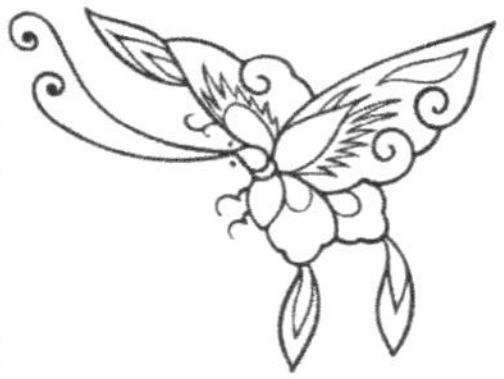 | 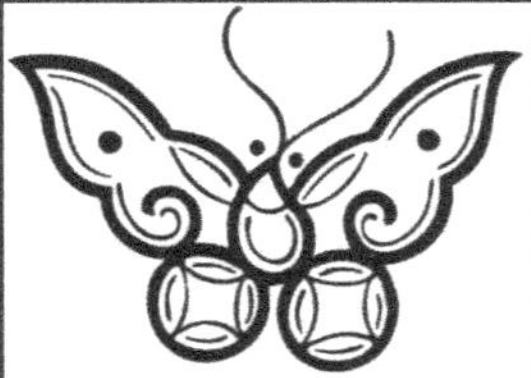 |

# 2018

| lu | ma | me | je | ve | sa | di |
|---|---|---|---|---|---|---|
| 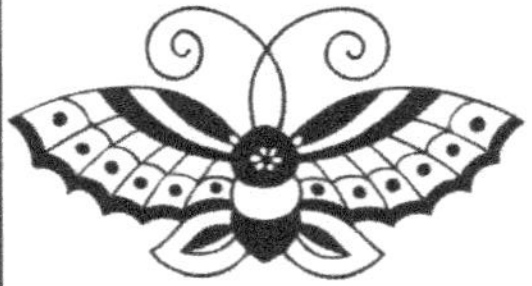  | 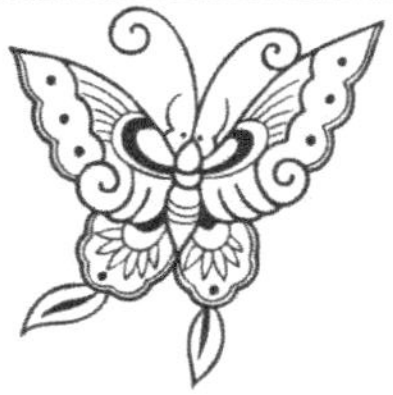  | 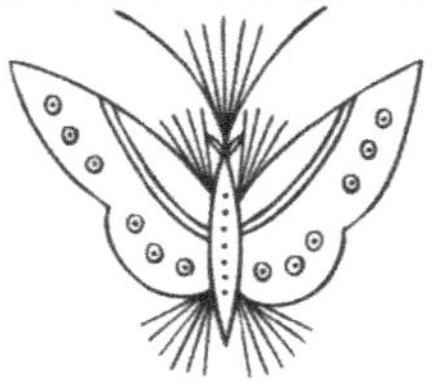  | 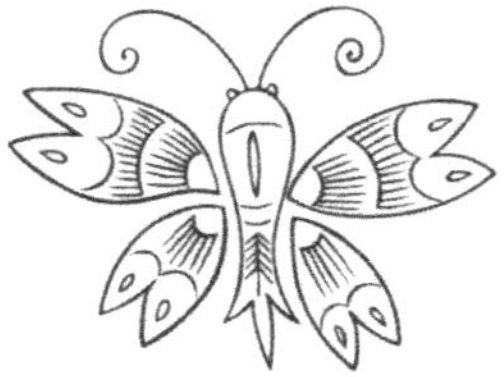  | 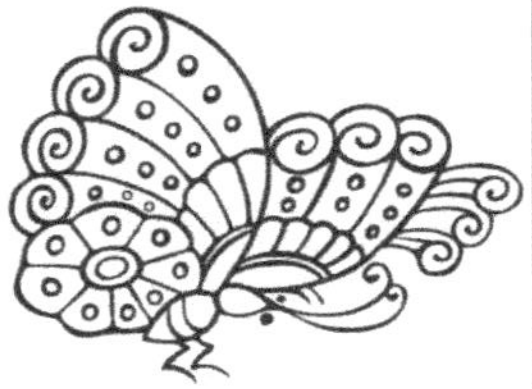  | 1 | 2 |
| 3 | 4 | 5 | 6 | 7 | 8 | 9 |
| 10 | 11 | 12 | 13 | 14 | 15 | 16 |
| 17 | 18 | 19 | 20 | 21 | 22 | 23 |
| 24 | 25 | 26 | 27 | 28 | 29 | 30 |

# 2018

| lu | ma | me | je | ve | sa | di |
|---|---|---|---|---|---|---|
| 1 | 2 | 3 | 4 | 5 | 6 | 7 |
| 8 | 9 | 10 | 11 | 12 | 13 | 14 |
| 15 | 16 | 17 | 18 | 19 | 20 | 21 |
| 22 | 23 | 24 | 25 | 26 | 27 | 28 |
| 29 | 30 | 31 | 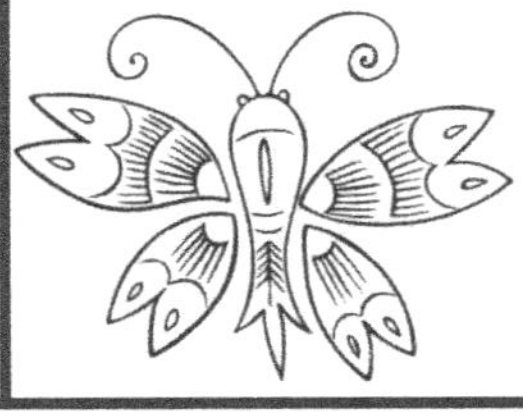 | 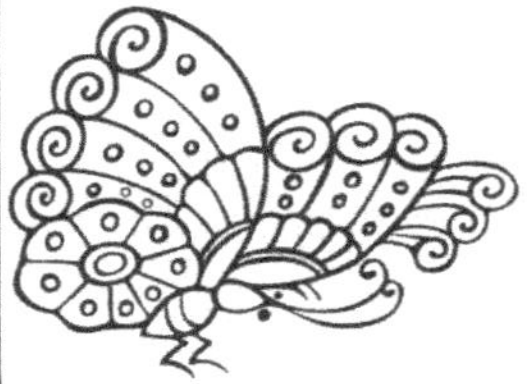 | 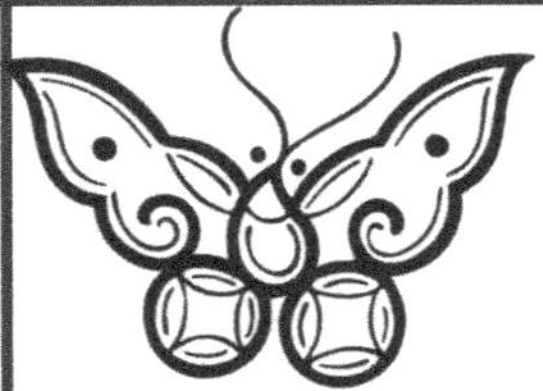 | 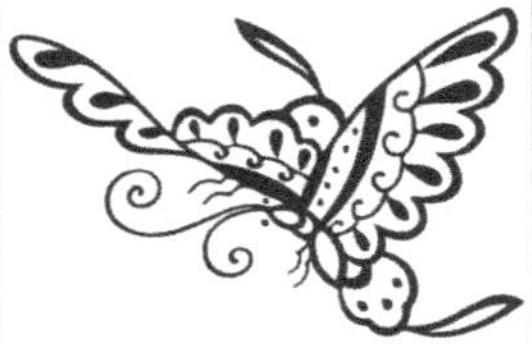 |

# 2018

| lu | ma | me | je | ve | sa | di |
|---|---|---|---|---|---|---|
| 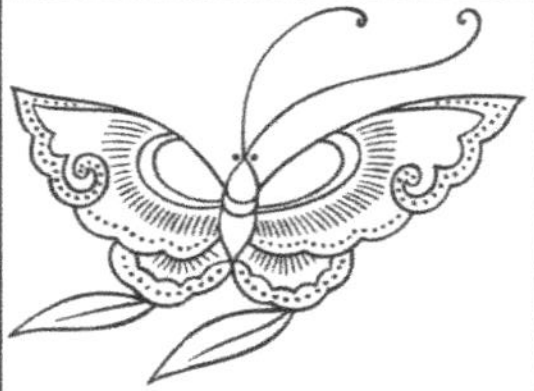  | 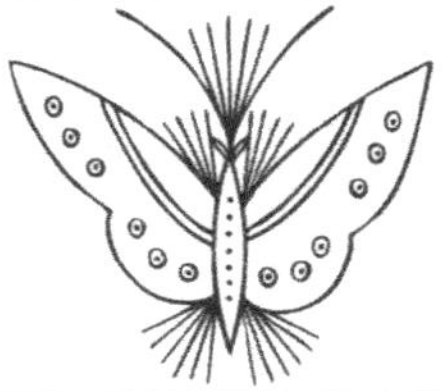  | 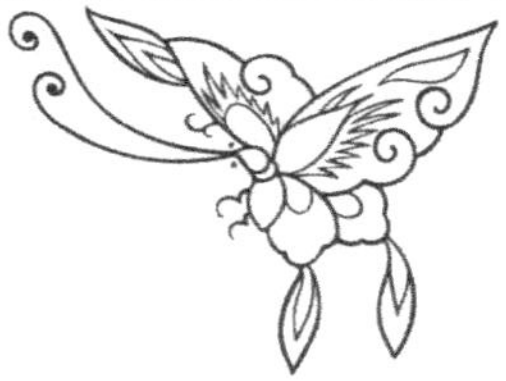 | **1**<br>Toussaint | 2 | 3 | 4 |
| 5 | 6 | 7 | 8 | 9 | 10 | **11**<br>Armistice de 1918 |
| 12 | 13 | 14 | 15 | 16 | 17 | 18 |
| 19 | 20 | 21 | 22 | 23 | 24 | 25 |
| 26 | 27 | 28 | 29 | 30 | 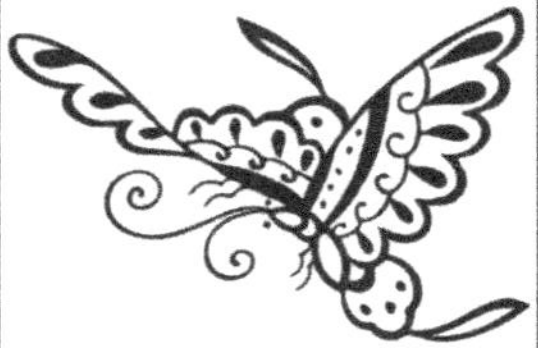 | 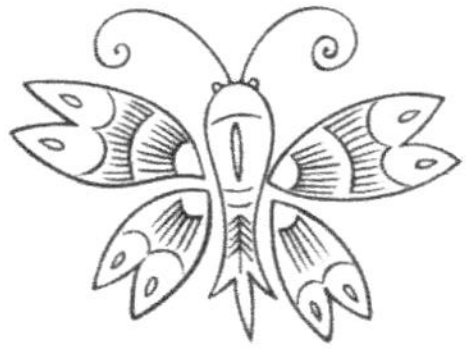 |

# 2018 — Décembre

| lu | ma | me | je | ve | sa | di |
|---|---|---|---|---|---|---|
|  |  |  |  |  | 1 | 2 |
| 3 | 4 | 5 | 6 | 7 | 8 | 9 |
| 10 | 11 | 12 | 13 | 14 | 15 | 16 |
| 17 | 18 | 19 | 20 | 21 | 22 | 23 |
| 24 | 25<br>Noël | 26 | 27 | 28 | 29 | 30 |
| 31<br>Saint-Sylvestre |  |  |  |  |  |  |